ESTHER
TRAGEDIE.

Tirée de l'Écriture Sainte.

PAR

Monsr. RACINE.

SECONDE EDITION.

A NEUFCHATEL

Imprimé par JEAN PISTORIUS.

M. DC. LXXXIX.

AVERTISSEMENT.

Le sujet de cette Piéce a tant de rapport à l'état present de l'Eglise Reformée, qu'on a crû servir à l'edification de ceux qui sont touchés de la désolation de Sion, & qui soûpirent aprés sa delivrance, d'en procurer une seconde Edition. On y voit fort clairement un triste récit de la derniere persecution, les desseins sanguinaires des cruels ennemis des Reformés, & les calomnies dont on se sert pour les rendre odieux aux peuples & aux Souverains, malgré les services qu'ils leur ont rendus. On y découvre l'état deplorable des fidelles dans leur exil, la soûmission avec laquelle ils endurent leurs maux, & les vœux qu'ils font pour leur rétablissement. On y apprend quelle est l'assurance d'un fidelle qui se confie aux promesses de Dieu, quelle est la paix dont il joüit au milieu même de sa misere, & la géné-

généreuse resolution qu'il doit prendre de n'adorer jamais que luy. Le Lecteur pourra aisément faire une application naturelle des personnages d'Assüerus & d'Aman. Puissions-nous aussi bien tôt appliquer ces paroles à l'Eglise! & luy dire:

Ton Dieu n'est plus irrité,
Réjouï toy Sion & sors de la poussiere,
Quitte les vêtements de ta captivité,
Et reprens ta Splendeur premiere.
Les chemins de Sion à la fin sont ouverts,
Rompés vos fers
Tributs captives
Troupes fugitives
Repassés les monts & les mers
Rassemblés-vous des bouts de l'Univers.

Au reste, l'on espere que l'Illustre Autheur de cette Tragédie ne trouvera pas mauvais, qu'on en ait fait une application si éloignée de sa pensée: On a cru avoir le même droit sur l'Histoire d'Esther, que sur les autres choses de l'Ecriture Sainte, qui
Rom. 15. 4. *ont toutes été écrites pour nôtre enseignement, afin que par la patience, & par la consolation des Ecritures nous ayons esperance.*

PRE-

PREFACE.

LA célebre Maison de Saint Cyr ayant été principalement établie pour élever dans la pieté un fort grand nombre de jeunes Demoiselles rassemblées de tous les endroits du Royaume, on n'y a rien oublié de tout ce qui pouvoit contribuer à les rendre capables de servir Dieu dans les differens états où il lui plaira de les appeller. Mais en leur monstrant les choses essentielles & necessaires, on ne neglige pas de leur apprendre celles qui peuvent servir à leur polir l'esprit, & à leur former le jugement. On a imaginé pour cela plusieurs moyens, qui sans les détourner de leur travail & de leurs exercices ordinaires, les instruisent en les divertissant. On leur met, pour ainsi dire, à profit leurs heures de récreation. On leur fait faire entre elles sur leurs principaux devoirs des Conversations ingenieuses, qu'on leur a composées exprés, ou qu'elles mêmes composent sur le champ. On les fait parler ſur les hiſtoires qu'on leur a lûës, ou ſur les importantes verités qu'on leur a enſeignées. On leur fait réciter par cœur & déclamer les plus beaux endroits des meilleurs Poëtes. Et cela leur ſert ſur tout à les défaire de quantité de mauvaiſes prononciations, qu'elles pourroient avoir apportées de leurs Provinces. On a ſoin auſſi de faire apprendre à chanter à celles qui ont de la voix, & on ne leur laiſſe pas perdre un talent qui les peut amuſer innocemment, & qu'elles peuvent employer un jour à chanter les loüanges de Dieu.

Mais la pluſpart des plus excellens vers de noſtre langue ayant eſté composés ſur des matieres fort profanes, & nos plus beaux airs eſtant ſur des paroles extrémement molles & efféminées, capables de faire des impreſſions dangereuſes ſur de jeunes eſprits; les Perſonnes illuſtres, qui ont bien voulu prendre la principale direction de cette Maiſon, ont ſouhaitté qu'il y euſt quelque Ouvrage, qui ſans avoir tous ces défauts, puſt produire une partie de ces bons effets. Elles me firent l'honneur de me communiquer leur deſſein, & meſme de me demander ſi je ne pourrois pas faire ſur quelque ſujet de pieté & de morale une eſpece de Poëme, où le le chant fut mêlé avec le recit ; le tout lié par une action qui rendist la chose plus vive & moins capable d'ennuyer.

Je leur proposay le sujet d'Esther, qui les frappa d'abord, cette histoire leur paroissant pleine de grandes leçons d'amour de Dieu, & de détachement du monde au milieu du monde mesme. Et je crus de mon costé que je trouverois assés de facilité à traitter ce sujet ; d'autant plus qu'il me sembla, que sans alterer aucune des circonstances tant soit peu considerables de l'Ecriture Sainte, ce qui seroit à mon avis une espece de sacrilege, je pourrois remplir toute mon Action avec les seules Scenes, que Dieu luy-mesme, pour ainsi dire, a préparées.

J'entrepris donc la chose, & je m'apperçeûs qu'en travaillant sur le plan qu'on m'avoit donné, j'executois en quelque sorte un dessein qui m'avoit souvent passé dans l'esprit, qui estoit de lier, comme dans les anciennes Tragédies Grecques, le Chœur & le Chant avec l'Action, & d'employer à chanter les loüanges du vrai Dieu cette partie du Chœur que les Payens employoient à chanter les loüanges de leurs fausses Divinités.

A dire vray, je ne pensois guere que la chose dût être aussi publique qu'elle l'a

 esté

esté. Mais les grandes verités de l'Escriture, & la maniere sublime dont elles y sont énoncées, pour peu qu'on les présente, mesme imparfaitement, aux yeux des hommes, sont si propres à les frapper; & d'ailleurs ces jeunes Demoiselles ont déclamé & chanté cét Ouvrage avec tant de grace, tant de modestie, & tant de pieté, qu'il n'a pas esté possible qu'il demeurast renfermé dans le secret de leur Maison. De sorte qu'un divertissement d'Enfans est devenu le sujet de l'empressement de toute la Cour; le Roi luy-même, qui en avoit esté touché, n'ayant pû refuser à tout ce qu'il y a de plus grands Seigneurs de les y mener, & ayant eu la satisfaction de voir par le plaisir qu'ils y ont pris, qu'on se peut aussi-bien divertir aux choses de pieté qu'à tous les spectacles profanes.

Au reste, quoi que j'aye évité soigneusement de méler le profane avec le sacré, j'ay crû neantmoins que je pouvois emprunter deux ou trois traits d'Herodote, pour mieux peindre Assüerus. Car j'ay suivi le sentiment de plusieurs sçavans Interpretes de l'Escriture, qui tiennent que ce Roi est le mesme que le fameux Darius fils d'Hystaspe, dont parle cét Historien. En effet ils en rapportent quantité de preuves, dont quelques-unes me paroissent

roiſſent des demonſtrations. Mais je n'ay pas jugé à propos de croire ce meſme Herodote ſur ſa parole, lors qu'il dit que les Perſes n'élevoient ni temples, ni autels, ni ſtatuës à leurs Dieux, & qu'ils ne ſe ſervoient point de libations dans leurs ſacrifices. Son témoignage eſt expreſſément deſtruit par l'Eſcriture, auſſi-bien que par Xenophon beaucoup mieux inſtruit que lui des mœurs & des affaires de la Perſe, & enfin par Quinte Curſe.

On peut dire que l'unité de Lieu eſt obſervée dans cette Piéce, en ce que toute l'action ſe paſſe dans le Palais d'Aſsüerus. Cependant comme on vouloit rendre ce divertiſſement plus agreable à des Enfans, en jettant quelque varieté dans les décorations, cela a eſté cauſe que je n'ay pas gardé cette unité, avec la meſme rigueur que j'ay fait autrefois dans mes Tragédies.

Je croy qu'il eſt bon d'avertir icy, que bien qu'il y ait dans Eſther des perſonnages d'hommes, ces perſonnages n'ont pas laiſſé d'eſtre repréſentez par des Filles avec toute la bien-ſéance de leur ſexe. La choſe leur a eſté d'autant plus aiſée, qu'anciennement les habits des Perſans & des Juifs eſtoyent de longues robbes qui tomboient juſqu'à terre.

Je

Je ne puis me résoudre à finir cette Préface, sans rendre à celui qui a fait la Musique la justice qui lui est duë, & sans confesser franchement que ses chants ont fait un des plus grands agrémens de la Piece. Tous les connoisseurs demeurent d'accord que depuis long-temps on n'a point entendu d'airs plus touchans, ni plus convenables aux paroles. Quelques personnes ont trouvé la Musique du dernier Chœur un peu longue, quoique trés-belle. Mais qu'auroit-on dit de ces jeunes Israëlites qui avoient tant fait de vœux à Dieu pour estre delivrées de l'horrible peril où elles êtoient, si ce peril êtant passé, elles lui en avoient rendu de mediocres actions de graces? Elles auroient directement peché contre la loüable coûtume de leur Nation, où l'on ne reçevoit de Dieu aucun bienfait signalé, qu'on ne l'en remerciast sur le champ par de fort longs Cantiques : têmoins ceux de Marie Sœur de Moyse, de Débora, & de Judith, & tant d'autres dont l'Escriture est pleine. On dit même que les Juifs encore aujourd'huy célebrent par de grandes actions de graces le jour où leurs Ancestres furent délivrés par Esther de la cruauté d'Aman.

Noms des Personnages.

ASSUERUS, Roi de Perse.
ESTHER, Reine de Perse.
MARDOCHE'E, Oncle d'Esther.
AMAN, Favori d'Asüerus.
ZARE'S, Femme d'Aman.
HYDASPE, Officier du Palais interieur d'Asüerus.
ASAPH, Autre Officier d'Asüerus.
ELISE, Confidente d'Esther.
THAMAR, Israëlite de la suite d'Esther.
GARDES DU ROI ASSUERUS.
CHOEUR de jeunes Filles Israëlites.

La Scene est à Suse, dans le Palais d'Asüerus.

La Pieté fait le Prologue.

PROLOGUE

PROLOGUE.

LA PIETÉ.

V ſejour bienheureux de la Divinité,
Ie deſcens dans ce * lieu par la Grace habité.

* La Maiſon de S. Cyr.

L'Innocence s'y plaiſt ma compagne éternelle,
Et n'a point ſous les Cieux d'azile plus fidelle.
Icy, loin du tumulte, aux devoirs les plus ſaints
Tout un peuple naiſſant eſt formé par mes mains.
Ie nourris dans ſon cœur la ſemence féconde
Des Vertus, dont il doit ſanctifier le monde.
Vn Roy qui me protege, un Roy victorieux
A commis à mes ſoins ce dépoſt precieux.
C'eſt lui, qui raſſembla ces Colombes timides
Eſparſes en cent lieux, ſans ſecours, & ſans guides.
Pour elles à ſa porte élevant ce Palais,
Il leur y fit trouver l'abondance & la paix.
Grand Dieu, que cét ouvrage ait place en ta memoire.
Que tous les ſoins qu'il prend pour ſouſtenir ta gloire
Soient gravez de ta main au Livre où ſont écrits

Les

Les noms prédestinez des Rois que tu cheris.
Tu m'escoutes. Ma voix ne t'est point estrangere.
Ie suis la Pieté, cette Fille si chere,
Qui t'offre de ce Roy les plus tendres soûpirs.
Du feu de ton amour s'allume ses desirs.
Du zele, qui pour toy l'enflâme & le dévore,
La chaleur se répand du Couchant à l'Aurore.
Tu le vois tous les jours devant toy prosterné
Humilier ce front de splendeur couronné,
Et confondant l'Orgüeil par d'augustes exemples,
Baiser avec respect le pavé de tes Temples.
De ta gloire animé, lui seul de tant de Rois
S'arme pour ta querelle, & combat pour tes droits.
Le perfide Interest, l'aveugle Ialousie
S'unissent contre toy pour l'affreuse Hérésie.
La Discorde en fureur fremit de toutes parts.
Tout semble abandonner tes sacrez estendars.
Et l'Enfer couvrant tout de ses vapeurs funebres
Sur les yeux les plus saints a jetté ses tenebres.
Lui seul invariable, & fondé sur la Foy,
Ne cherche, ne regarde, & n'écoute que toy;
Et bravant du Démon l'impuissant artifice,
De la Religion soustient tout l'édifice.
Grand Dieu, juge ta cause; & déploye aujourd'hui
Ce bras, ce mesme bras, qui combattoit pour lui,
Lors que des Nations à sa perte animées
Le Rhin vit tant de fois disperser les armées.
Des mesmes Ennemis je reconnois l'orgüeil.
Ils viennent se briser contre le mesme écüeil.

Déja

PROLOGUE.

Déja rompant par tout leurs plus fermes barrieres,
Du débris de leurs Forts il couvre ses frontieres.
Tu lui donnes un Fils promt à le seconder,
Qui sçait combattre, plaire, obeïr, commander;
Vn Fils, qui comme lui suivi de la victoire,
Semble à gagner son cœur borner toute sa gloire;
Vn Fils à tous ses vœux avec amour soûmis,
L'éternel desespoir de tous ses Ennemis.
Pareil à ces Esprits que ta Iustice envoye
Quand son Roy lui dit, Pars, il s'élance avec joye,
Du tonnerre vangeur s'en va tout embraser,
Et tranquile à ses piez revient le déposer.
Mais tandis qu'un grand Roy vange ainsi mes injures,
Vous, qui goustez icy des délices si pures,
S'il permet à son cœur un moment de repos,
A vos jeux innocens appellez ce Héros.
Retracez-lui d'Esther l'histoire glorieuse,
Et sur l'impieté la Foy victorieuse.
Et vous, qui vous plaisez aux folles passions,
Qu'allument dans vos cœurs les vaines fictions,
Profanes amateurs de Spectacles frivoles,
Dont l'oreille s'ennuye au son de mes paroles,
Fuyez de mes plaisirs la sainte austerité.
Tout respire icy Dieu, la paix, la verité.

ESTHER TRAGEDIE.

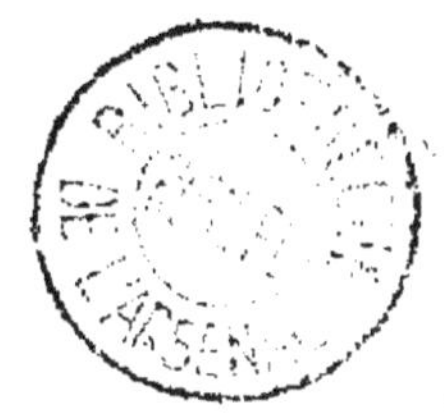

ACTE PREMIER

SCENE PREMIERE.

ESTHER, ELISE.

Le Théatre represente l'Appartement d'Esther.

ESTHER.

EST-CE, toy, chere Elise? O jour trois fois heureux!
Que beni soit le Ciel qui te rend à mes vœux;
Toy, qui de Benjamin comme moy descenduë,
Fus de mes premiers ans la compagne assiduë;
Et qui d'un mesme joug souffrant l'oppression,
M'aidois à soûpirer les malheurs de Sion.
Combien ce temps encore est cher à ma memoire!
Mais toy, de ton Esther ignorois tu la gloire?
Depuis plus de six mois que je te fais chercher,
Quel climat, quel desert à donc pû te cacher?

ELISE.

Au bruit de vostre mort justement éplorée

Du reste des humains je vivois separée,
Et de mes tristes jours n'attendois que la fin;
Quand tout à coup, Madame, un Prophete divin,
C'est pleurer trop long-temps une mort qui t'abuse,
Leve-toy, m'a-t-il dit; prens ton chemin vers Suse.
Là tu verras d'Esther, la pompe & les honneurs,
Et sur le thrône assis le sujet de tes pleurs.
Rassûre, ajoûta-t-il, tes tribus allarmées,
Sion; le jour approche, où le Dieu des armées
Va de son bras puissant faire éclater l'appuy;
Et le cri de son peuple est monté jusqu'à luy.
Il dit. Et moy de joye & d'horreur penetrée,
Je cours, De ce Palais j'ay sçeû trouver l'entrée.
O spectale! O triomphe admirable à mes yeux,
Digne en effet du bras qui sauva nos Ayeux!
Le fier Assüerus couronne sa Captive,
Et le Persan superbe est aux piez d'une Juïve.
Par quels secrets ressorts, par quel enchaînement
Le Ciel a-t-il conduit ce grand évenement?

ESTHER.

Peut-estre on t'a conté la fameuse disgrace
De l'altiere Vasthi, dont j'occupe la place,
Lorsque le Roy contre elle enflammé de dépit
La chassa de son thrône, ainsi que de son lit.
Mais il ne put si-tôt en bannir la pensée.
Vasthi regna long-temps dans son ame offensée.

Dans ses nombreux Estats il fallut donc chercher
Quelque nouvel objet qui l'en pût détacher.
De l'Inde à l'Hellespont ses Esclaves coururent.
Les Filles de l'Egypte à Suse comparurent.
Celles mesme du Parthe, & du Scythe indomté
Y briguerent le sceptre offert à la beauté.
On m'élevoit alors solitaire, & cachée,
Sous les yeux vigilans du sage Mardochée.
Tu sçais combien je dois à ses heureux secours.
La mort m'avoit ravi les auteurs de mes jours.
Mais luy, voyant en moy la fille de son frere,
Me tint lieu, chere Elise, & de pere & de mere.
Du triste estat des Juifs jour & nuit agité,
Il me tira du sein de mon obscurité,
Et sur mes foibles mains fondant leur délivrance,
Il me fit d'un Empire accepter l'esperance,
A ses desseins secrets tremblante j'obeïs.
Je vins. Mais je cachay ma race & mon païs.
Qui pourroit cependant t'exprimer les cabales
Que formoit en ces lieux ce peuple de Rivales,
Qui toutes disputant un si grand interest,
Des yeux d'Assüerus attendoient leur arrest?
Chacune avoit sa brigue & de puissans suffrages.
L'une d'un sang fameux vantoit les avantages.
L'autre, pour se parer de superbes atours,
Des plus adroites mains empruntoit le secours.
Et moy, pour toute brigue & pour tout artifice,
De mes larmes au Ciel j'offrois le sacrifice,

Enfin on m'annonça l'ordre d'Assüerus.
Devant ce fier Monarque, Elise, je parus.
Dieu tient le cœur des Rois entre ses mains puissantes,
Il fait que tout prospere aux ames innocentes,
Tandis qu'en ses projets l'Orgüeilleux est trompé.
De mes foibles attraits le Roy parut frappé.
Il m'observa long-temps dans un sombre silence.
Et le Ciel, qui pour moy fit pancher la balance,
Dans ce temps-là sans doute agissoit sur son cœur.
Enfin avec des yeux où regnoit la douceur,
Soyez Reine, dit-il; & dés ce moment même
De sa main sur mon front posa son diadême.
Pour mieux faire éclater sa joye & son amour,
Il combla de présens tous les Grands de sa Cour,
Et mesme ses bienfaits dans toutes ses Provinces
Inviterent le Peuple aux nôces de leurs Princes.

Helas! durant ces jours de joye & de festins,
Quelle estoit en secret ma honte, & mes chagrins!
Esther, disois-je, Esther dans la pourpre est assise.
La moitié de la Terre à son sceptre est soûmise
Et de Jerusalem l'herbe cache les murs!
Sion, repaire affreux de reptiles impurs,
Voit de son Temple saint les pierres dispersées,
Et du Dieu d'Israël les festes sont cessées!

ELISE.

N'avez-vous point au Roy confié vos ennuis?

ESTHER.

Le Roy, jusqu'à ce jour, ignore qui je suis.

Celui

Celui par qui le Ciel regle ma destineé,
Sur ce secret encor tient ma langue enchaînée.

ELISE.

Mardochée? Hé peut-il approcher de ces lieux?

ESTHER.

Son amitié pour moy le rend ingenieux.
Absent je le consulte. Et ses réponses sages
Pour venir jusqu'à moy trouvent mille passages.
Un Pere a moins de soin du salut de son fils.
Déja mesme, déja par ses secrets avis
J'ay découvert au Roy les sanglantes pratiques
Que formoient contre lui deux ingrats Domestiques.
Cependant mon amour pour nostre nation
A rempli ce Palais de filles de Sion,
Jeunes & tendres fleurs, par le sort agitées,
Sous un ciel étranger comme moy transportées,
Dans un lieu separé de profanes tesmoins,
Je mets à les former mon estude & mes soins.
Et c'est là que fuyant l'orgüeil du diadême,
Lasse de vains honneurs, & me cherchant moy-même,
Aux piez de l'Eternel je viens m'humilier,
Et goûter le plaisir de me faire oublier.
Mais à tous les Persans je cache leurs familles.
Il faut les appeller. Venez, venez, mes filles,
Compagnes autrefois de ma captivité,
De l'antique Jacob jeune posterité,

SCENE II.

ESTHER, ELISE, LE CHOEUR.

Une des Israëlites *chantant derriere le Théatre.*

MA sœur, quelle voix nous appelle?

Une autre.

J'en reconnois les agréables sons,
C'est la Reine.

Toutes deux.

Courons, mes sœurs, obeïssons.
La Reine nous appelle.
Allons, rangeons-nous auprés d'elle.

Tout le Chœur. *Entrant sur la Scene, par plusieurs endroits differens.*

La Reine nous appelle.
Allons, rangeons-nous auprés d'elle.

ELISE.

Ciel! quel nombreux essein d'innocentes beautés
S'offre à mes yeux en foule, & sort de tous côtez
Quelle aimable pudeur sur leur visage est peinte
Prosperez, cher espoir d'une Nation sainte.
Puissent jusques au Ciel vos soûpirs innocens
Monter comme l'odeur d'un agréable encens.
Que Dieu jette sur vous des regards pacifiques.

ESTHER.

Mes filles, chantez-nous quelqu'un de ces cantiques,

Où

Où vos voix si souvent se mêlant à mes pleurs,
De la triste Sion célebrent les malheurs.

Une Israëlite seule. *Chante.*

Déplorable Sion, qu'as-tu fait de ta gloire?
Tout l'Univers admiroit ta splendeur.
Tu n'es plus que poussiere, & de cette grandeur
Il ne nous reste plus que la triste memoire.
Sion, jusques au Ciel élevée autrefois,
Jusqu'aux Enfers maintenant abbaissée,
Puissé-je demeurer sans voix,
Si dans mes chants ta douleur retracée,
Jusqu'au dernier soupir n'occupe ma pensée!

Tout le Chœur.

O rives du Jourdain! O champs aimez des Cieux!
Sacrés monts, fertiles vallées
Par cent miracles signalées!
Du doux païs de nos ayeux
Serons-nous toûjours exilées?

Une Israëlite seule.

Quand verrai-je, ô Sion! relever tes remparts,
Et de tes tours les magnifiques faistes?
Quand verray-je de toutes parts
Tes peuples en chantant accourir à tes festes?

Tout le Chœur.

O rives du Jourdain! O champs aimez des Cieux!
Sacres monts, fertiles vallées
Par cent miracles signalées!

Du doux païs de nos Ayeux
Serons-nous toûjours exilées ?

SCENE III.

ESTHER, MARDOCHE'E, ELISE, LE CHOEUR.

ESTHER.

Quel profane en ce lieu s'ose avancer vers nous ?
Que vois-je ? Mardochée ? O mon Pere, est-ce vous ?
Un Ange du Seigneur sous son aîle sacrée
A donc conduit vos pas, & caché vôtre entrée ?
Mais d'où vient cet air sombre, & ce cilice affreux,
Et cette cendre enfin qui couvre vos cheveux ?
Que nous annoncez-vous ?

MARDOCHE'E.

O Reine infortunée!
O d'un Peuple innocent barbare destinée !
Lisez, lisez l'arrêt déteſtable, cruel.
Nous sommes tous perdus, & c'est fait d'Israël.

ESTHER.

Juste Ciel ! Tout mon sang dans mes veines se glace.

MAR-

MARDOCHE'E.

On doit de tous les Juifs exterminer la race.
Au sanguinaire Aman nous sommes tous livrez
Les glaives, les coûteaux sont déja préparez.
Toute la Nation à la fois est proscrite.
Aman, l'impie Aman, race d'Amalecite,
A pour ce coup funeste armé tout son credit,
Et le Roy trop credule a signé cét Edit.
Prévenu contre nous par cette bouche impure,
Il nous croit en horreur à toute la nature.
Ses ordres sont donnez, & dans tous ses Estats
Le jour fatal est pris pour tant d'assassinats.
Cieux! Esclairerez-vous cet horrible carnage?
Le fer ne connoistra ni le sexe, ni l'âge.
Tout doit servir de proye aux tigres, aux vautours,
Et ce jour effroyable arrive dans dix jours.

ESTHER.

O Dieu! qui vois former des desseins si funestes,
As-tu donc de Jacob abandonné les restes?

Une des plus jeunes Israëlites.

Ciel! Qui nous défendra, si tu ne nous défens?

MARDOCHE'E.

Laissez les pleurs, Esther à ces jeunes enfans.
En vous est tout l'espoir de vos malheureux freres.
Il faut les secourir, Mais les heures sont cheres.

Le temps vole, & bien-tost amenera le jour
Où le nom des Hebreux doit perir sans retour,
Toute pleine du feu de tant de saints Prophetes,
Allez, osez au Roy déclarer qui vous êtes.

ESTHER.

Helas! Ignorez-vous quelles severes lois
Aux timides mortels cachent icy les Rois.
Au fond de leur Palais leur Majesté terrible
Affecte à leurs Sujets de se rendre invisible.
Et la mort est le prix de tout Audacieux,
Qui sans estre appellé se présente à leurs yeux:
Si le Roy dans l'instant, pour sauver le coupable,
Ne lui donne à baiser son sceptre redoutable,
Rien ne met à l'abry de cet ordre fatal,
Ni le rang, ni le sexe. Et le crime est égal.
Moy-mesme sur son thrône à ses côtez assise,
Je suis à cette loy comme une autre soûmise.
Et sans le prevenir, il faut, pour luy parler,
Qu'il me cherche, ou du moins qu'il me fasse appeller.

MARDOCHE'E.

Quoy! Lors que vous voyez perir vostre Patrie,
Pour quelque chose, Esther, vous comptez vostre vie!
Dieu parle, & d'un Mortel vous craignez le courroux!
Que dis-je? Vostre vie, Esther, est-elle à vous?
N'est-elle pas au sang, dont vous estes issuë?
N'est-elle pas à Dieu, dont vous l'avez reçuë?

Et qui

Et qui sçait, lors qu'au thrône il conduisit vos pas,
Si pour sauver son peuple il ne vous gardoit pas?
Songez-y bien, Ce Dieu ne vous a pas choisie,
Pour estre un vain spectacle aux peuples de l'Asie,
Ni pour charmer les yeux des prophanes humains.
Pour un plus noble usage il réserve ses Saints.
S'immoler pour son nom, & pour son héritage,
D'un enfant d'Israël voilà le vray partage.
Trop heureuse, pour lui de hazarder vos jours!
Et quel besoin son bras a-t-il de nos secours?
Que peuvent contre lui tous les Rois de la Terre?
En vain ils s'uniroient pour lui faire la guerre.
Pour dissiper leur ligue il n'a qu'à se montrer,
Il parle, & dans la poudre il les fait tous rentrer.
Au seul son de sa voix la Mer fuit, le Ciel tremble.
Il voit comme un neant tout l'Univers ensemble.
Et les foibles Mortels, vains joüets du trépas,
Sont tous devant ses yeux, cõme s'ils n'étoient pas.
S'il a permis d'Aman l'audace criminelle,
Sans doute qu'il vouloit éprouver vostre zele.
C'est lui, qui m'excitant à vous oser chercher,
Devant moy, chere Esther, a bien voulu marcher.
Et s'il faut que sa voix frappe en vain vos oreilles,
Nous n'en verrons pas moins éclater ses merveilles.
Il peut confondre Aman, il peut briser nos fers
Par la plus foible main qui soit dans l'Univers,
Et vous, qui n'aurez point accepté cette grace,
Vous perirez peut-estre, & toute vostre Race.

ESTHER,

ESTHER.

Allez. Que tous les Juifs dans Suse répandus,
A prier avec vous jour & nuit assidus,
Me prestent de leurs vœux le secours salutaire,
Et pendant ces trois jours gardent un jeûne austere.
Déja la sombre nuit a commencé son tour.
Demain quand le Soleil r'allumera le jour,
Contente de perir, s'il faut que je perisse,
J'iray pour mon païs m'offrir en sacrifice,
Qu'on s'éloigne un moment. *Le Chœur se retire vers le fond du Théatre*

SCENE IV.

ESTHER, ELISE, LE CHOEUR.

ESTHER,

O Mon Souverain Roy!
Me voicy donc tremblante, & seule devant toy.
Mon pere mille fois m'a dit dans mon enfance,
Qu'avec nous tu juras une sainte Alliance,
Quand pour te faire un peuple agréable à tes yeux,
Il plût à ton amour de choisir nos Ayeux.
Mesmes tu leur promis de ta bouche sacrée
Une posterité d'éternelle durée,
Helas! Ce peuple ingrat a méprisé ta Loy.
La Nation cherie a violé sa Foy.

Elle

Elle a repudié son Epoux, & son Pere,
Pour rendre à d'autres Dieux un honneur adultere.
Maintenant elle sert sous un Maistre étranger.
Mais c'est peu d'être esclave, on la veut égorger.
Nos superbes Vainqueurs insultant à nos larmes
Imputent à leurs Dieux le bonheur de leurs armes,
Et veulent aujourd'hui qu'un même coup mortel
Abolisse ton Nom, ton Peuple, & ton Autel.
Ainsi donc un Perfide, aprés tant de miracles,
Pourroit anéantir la foy de tes oracles?
Raviroit aux Mortels le plus cher de tes dons,
Le Saint que tu promets, & que nous attendons?
Non, non, ne souffre pas que ces peuples farouches,
Yvres de nôtre Sang, ferment les seules bouches
Qui dans tout l'Univers célebrent tes bienfaits.
Et confons tous ces Dieux qui ne furent jamais.
Pour moy, que tu retiens parmi ces Infidelles,
Tu sçais combien je haïs leurs festes criminelles,
Et que je mets au rang des profanations
Leur table, leurs festins, & leurs libations:
Que mêmes cette pompe où je suis condamnée,
Ce bandeau, dont il faut que je paroisse ornée,
Dans ces jours solemnels à l'Orgueïl dédiez,
Seule, & dans le secret je le foule à mes pieds:
Qu'à ces vains ornemens je préfere la cendre,
Et n'ay de goust qu'aux pleurs què tu me vois rêpandre.
J'attendois le moment marqué dans ton Arrêt,
Pour oser de ton peuple embrasser l'interêt.

Ce

Ce moment est venu. Ma prompte obeïssance
Va d'un Roy redoutable affronter la presence.
C'est pour toy que je marche. Accompagne mes pas
Devant ce fier Lion, qui ne te connoist pas.
Commande en me voyant que son courroux s'appaise,
Et preste à mes discours un charme qui lui plaise.
Les orages, les vents, les Cieux te sont soûmis.
Tourne enfin sa fureur contre nos ennemis.

SCENE V.

LE CHOEUR.

Toute cette Scene est chantée.

Une Israëlité seule.

PLeurons, & gemissons, mes fidelles Compagnes.
A nos sanglots donnons un libre cours.
Levons les yeux vers les saintes montagnes,
D'où l'Innocence attend tout son secours.
O mortelles allarmes !
Tout Israël perit. Pleurez, mes tristes yeux.
Il ne fut jamais sous les cieux
Un si juste sujet de larmes.

Tout le Chœur.

O mortelles allarmes !

Une autre Israëlite.

N'estoit-ce pas assez qu'un Vainqueur odieux

De

De l'auguste Sion eust détruit tous les charmes,
Et traisné ses enfans captifs en mille lieux?

Tout le Chœur.

O mortelles allarmes!

La mesme Israëlite.

Foibles agneaux, livrez à des loups furieux,
Nos soûpirs sont nos seules armes.

Tout le Chœur.

O mortelles allarmes!

Une des Israëlites.

Arrachons, déchirons tous ces vains ornemens,
Qui parent nostre teste,

Une autre.

Revestons-nous d'habillemens
Conformes à l'horrible feste,
Que l'impie Aman nous appreste.

Tout le Chœur.

Arrachons, déchirons tous ces vains ornemens,
Qui parent nostre teste.

Une Israëlite seule.

Quel carnage de toutes parts!
On égorge à la fois, les enfans, les vieillards;
Et la sœur, & le frere:
Et la fille, & la mere;
Le fils dans les bras de son pere.
Que de corps entassés! Que de membres épars,

Privez

Privez de ſepulture!
Grand Dieu! Tes Saints ſont la paſture
Des tigres & des leopards.

Une des plus jeunes Iſraëlites.

Helas! Si jeune encore,
Par quel crime ay-je pû meriter mon malheur?
Ma vie à peine a commencé d'éclore.
Je tomberay comme une fleur,
Qui n'a vû qu'une Aurore.
Helas! Si jeune encore,
Par quel crime ay-je pû meriter mon malheur?

Une autre.

Des offenſes d'autruy malheureuſes victimes,
Que nous ſervent, helas! ces regrets ſuperflus?
Nos peres ont peché, nos peres ne ſont plus,
Et nous portons la peine de leurs crimes.

Tout le Chœur.

Le Dieu que nous ſervons eſt le Dieu des combats.
Non, non, il ne ſouffrira pas
Qu'on égorge ainſi l'Innocence.

Une Iſraëlite ſeule.

Hé quoy! diroit l'Impieté,
Où donc eſt-il ce Dieu ſi redouté,
Dont Iſraël nous vantoit la puiſſance?

Une autre.

Ce Dieu jaloux, ce Dieu victorieux;
Fremiſſez, peuples de la terre;

Ce

Ce Dieu jaloux, ce Dieu victorieux
Eſt le ſeul qui commande aux Cieux.
Ni les éclairs, ni le tonnerre
N'obéïſſent point à vos Dieux.

Une autre.

Il renverſe l'audacieux.

Une autre.

Il prend l'humble ſous ſa défenſe.

Tout le Chœur.

Le Dieu que nous ſervons eſt le Dieu des combats.
Non, non, il ne ſouffrira pas
Qu'on égorge ainſi l'Innocence.

Deux Iſraëlites.

O Dieu, que la gloire couronne!
Dieu, que la lumiere environne!
Qui voles ſur l'aile des vents,
Et dont le thrône eſt porté par les Anges!

Deux autres des plus jeunes.

Dieu! qui veux bien que de ſimples Enfans
Avec eux chantent tes loüanges.

Tout le Chœur.

Tu vois nos preſſans dangers.
Donne à ton nom la victoire.
Ne ſouffre point que ta gloire
Paſſe à des Dieux étrangers.

Une Israëlite seule.

Arme toy, Vien nous défendre.
Descends, tel qu'autrefois la Mer te vid descendre.
Que les Méchans apprennent aujourd'hui
A craindre ta colere.
Qu'ils soient comme la poudre, & la paille legere
Que le vent chasse devant lui.

Tout le Chœur.

Tu vois nos pressans dangers,
Donne à ton nom la victoire.
Ne souffre point que ta gloire
Passe à des Dieux étrangers.

Fin du premier Acte.

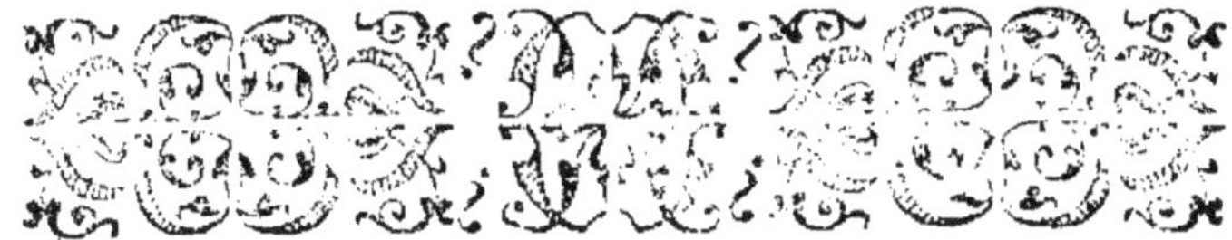

ACTE II.

SCENE PREMIERE.

Le Théatre represente la chambre où est le thrône d'Assuerus.

AMAN, HYDASPE.

AMAN.

E quoy? Lorsque le jour ne commence qu'à luire,
Dans ce lieu redoutable oses-tu m'introduire?

HYDASPE.

Vous sçavez qu'on s'en peut reposer sur ma foy;
Que ces portes, Seigneur, n'obeïssent qu'à moy.
Venez. Par tout ailleurs on pourroit nous entendre.

AMAN.

Quel est donc le secret que tu me veux apprendre?

HYDASPE.

Seigneur, de vos bienfaits mille fois honoré,
Je me souviens toûjours que je vous ay juré
D'exposer à vos yeux par des avis sinceres
Tout ce que ce Palais renferme de mysteres.

Le Roi d'un noir chagrin paroist enveloppé.
Quelque songe effrayant cette nuit l'a frappé,
Pendant que tout gardoit un silence paisible,
Sa voix s'est fait entendre avec un cry terrible,
J'ay couru. Le desordre estoit dans ses discours.
Il s'est plaint d'un peril qui menaçoit ses jours.
Il parloit d'ennemi, de ravisseur farouche.
Mesmes le nom d'Esther est sorti de sa bouche.
Il a dans dans ces horreurs passé toute la nuit.
Enfin, las d'appeller un sommeil qui le fuit,
Pour écarter de lui ces images funebres,
Il s'est fait apporter ces annales celebres,
Où les faits de son regne avec soin amassez
Par de fidelles mains chaque jour sont tracez,
On y conserve écrits le service & l'offence,
Monumens éternels d'amour & de vangeance.
Le Roi, que j'ai laissé plus calme dans son lit,
D'une oreille attentive écoute ce recit.

AMAN.

De quel temps de sa vie a-t-il choisi l'histoire?

HYDASPE.

Il revoit tous ces temps si remplis de sa gloire,
Depuis le fameux jour qu'au throsne de Cyrus
Le choix du Sort plaça l'heureux Assuerus.

AMAN.

Ce songe, Hydaspe, est donc sorti de son idée?

HYDA-

HYDASPE.

Entre tous les Devins fameux dans la Chaldée,
Il a fait assembler ceux qui sçavent le mieux
Lire en un songe obscur les volontez des Cieux.
Mais quel trouble vous-mesme aujourd'hui vous agite?
Vostre ame en m'écoutant paroist toute interdite.
L'heureux Aman a-t-il quelques secrets ennuis?

AMAN.

Peux-tu le demander dans la place où je suis;
Haï, craint, envié, souvent plus miserable
Que tous les Malheureux que mon pouvoir accable?

HYDASPE.

Hé! qui jamais du Ciel eut des regards plus doux!
Vous voyez l'Univers prosterné devant vous.

AMAN.

L'Univers? Tous les jours un homme,.. un vil esclave
D'un front audacieux me dédaigne & me brave.

HYDASPE.

Quel est cet Ennemi de l'Estat, & du Roi?

AMAN.

Le nom de Mardochée est-il connu de toi?

HYDASPE.

Qui? Ce Chef d'une race abominable, impie?

AMAN.

Oüi, lui-mesme.

HYDASPE.

Hé, Seigneur! D'une si belle vie
Un si foible Ennemi peut-il troubler la paix?

AMAN.

L'insolent devant moy ne se courba jamais.
En vain de la faveur du plus grand des Monarques
Tout revere à genoux les glorieuses marques.
Lors que d'un saint respect tous les Persans touchez
N'osent lever leurs fronts à la terre attachés,
Luy, fierement assis, & la teste immobile,
Traitte tous ces honneurs d'impieté servile,
Présente à mes regards un front séditieux,
Et ne daigneroit pas au moins baisser les yeux.
Du Palais cependant il assiege la porte,
A quelque heure que j'entre, Hydaspe, ou que je sorte,
Son visage odieux m'afflige, & me poursuit;
Et mon esprit troublé le voit encor la nuit.
Ce matin j'ay voulu devancer la lumiere,
Je l'ay trouvé couvert d'une affreuse poussiere,
Revestu de lambeaux, tout pâle. Mais son œil
Conseruoit sous la cendre encor le mesme orgüeil.
D'où lui vient, cher Ami, cette impudente audace?
Toy, qui dans ce Palais vois tout ce qui se passe;
Crois-tu que quelque voix ose parler pour lui?
Sur quel roseau fragile a-t-il mis son appui?

HYDA-

HYDASPE.

Seigneur, vous le ſçavez, ſon avis ſalutaire
Découvrit de Tharés le complot ſanguinaire.
Le Roi promit alors de le recompenſer,
Le Roi depuis ce temps paroiſt n'y plus penſer.

AMAN.

Non, il faut à tes yeux dépoüiller l'artifice.
J'ay ſçeû de mon deſtin corriger l'injuſtice.
Dans les mains des Perſans jeune enfant apporté
Je gouverne l'Empire, où je fus acheté.
Mes richeſſes des Rois égalent l'opulence.
Environné d'enfans, ſoûtiens de ma puiſſance
Il ne manque à mon front que le bandeau royal.
Cependant, des mortels aveuglement fatal!
De cet amas d'honneurs la douceur paſſagere
Fait ſur mon cœur à peine une atteinte legere.
Mais Mardochée aſſis aux portes du Palais
Dans ce cœur malheureux enfonce mille traits:
Et toute ma grandeur me devient inſipide,
Tandis que le ſoleil éclaire ce Perfide.

HYDASPE.

Vous ſerez de ſa veüe affranchi dans dix jours.
La Nation entiere eſt promiſe aux vautours.

AMAN.

Ah! Que ce temps eſt long à mon impatience!
C'eſt lui, je te veux bien confier ma vangeance,
C'eſt lui, qui devant moi refuſant de ployer,
Les a livrez au bras qui les va foudroyer.

C'estoit trop peu pour moy d'une telle victime.
La vangeance trop foible attire un second crime.
Un homme tel qu'Aman, lors qu'on l'ose irriter,
Dans sa juste fureur ne peut trop éclater.
Il faut des chastimens dont l'Univers fremisse;
Qu'on tremble, en comparant l'offense & le supplice;
Que les peuples entiers dans le sang soient noyez.
Je veux qu'on dise un jour aux siecles effrayez;
Il fut des Juifs. Il fut une insolente Race.
Répandus sur la terre ils en couvroient la face.
Un seul osa d'Aman attirer le courroux,
Aussi-tost de la terre ils disparurent tous.

HYDASPE.

Ce n'est donc pas, Seigneur, le sang Amalecite,
Dont la voix à les perdre en secret vous excite?

AMAN.

Je sçay que descendu de ce sang malheureux
Une eternelle haine a dû m'armer contre eux;
Qu'ils firent d'Amalec un indigne carnage;
Que jusqu'aux vils troupeaux, tout éprouva leur rage;
Qu'un deplorable reste à peine fut sauvé.
Mais, croy moy, dans le rang où je suis élevé.
Mon ame à ma grandeur toute entiere attachée,
Des interests du sang est foiblement touchée.
Mardochée est coupable; & que faut il de plus?
Je prévins donc contre eux l'esprit d'Assuerus.

J'inven-

J'inventay des couleurs. J'armay la calomnie.
J'interessay sa gloire ; il trémbla pour sa vie.
Je les peignis puissans, riches, seditieux ;
Leur Dieu mesme ennemi de tous les autres Dieux.
Jusqu'à quand souffre-t-on que ce peuple respire,
Et d'un culte profane infecte vostre Empire ?
Estrangers dans la Perse, à nos loix opposez,
Du reste des humains ils semblent divisez ;
N'aspirent qu'à troubler le repos où nous sommes,
Et détestés par tout détestent tous les hommes.
Prévenez, punissez leurs insolens efforts.
De leur depoüille enfin grossissez vos thresors.
Je dis, & l'on me crut. Le Roi dés l'heure même
Mit dans ma main le sçeau de son pouvoir suprême.
Assûre, me dit-il, le repos de ton Roi.
Va, perds ces malheureux ; leur dépoüille est à toi.
Toute la Nation fut ainsi condamnée.
Du carnage avec lui je reglay la journée.
Mais de ce traistre enfin le trépas differé
Fait trop souffrir mon cœur de son sang alteré.
Un je ne sçay quel trouble empoisonne ma joye,
Pourquoy dix jours encor faut-il que je le voye?

HYDASPE.

Et ne pouvez-vous pas d'un mot l'exterminer ?

Dites au Roy, Seigneur, de vous l'abandonner.

AMAN.

Je viens pour épier le moment favorable.
Tu connois comme moi ce Prince inexorable.
Tu sçais combien terrible en ses soudains transports
De nos desseins souvent il rompt tous les ressorts.
Mais à me tourmenter ma crainte est trop subtile.
Mardochée à ses yeux est une ame trop vile.

HYDASPE.

Que tardez-vous? Allez, & faites promptement
Elever de sa mort le honteux instrument.

AMAN.

J'entens du bruit, je sors. Toy, si le Roy m'appelle...

HYDASPE.

Il suffit.

SCENE II.

ASSUERUS, HYDASPE, ASAPH.

Suite d'Assüerus.

ASSUERUS.

AInsi donc, sans cét avis fidelle,

Deux

Deux Traistres dans son lit assassinoient leur Roy?
Qu'on me laisse, & qu'Asaph seul demeure avec
moy.

SCENE III.

ASSUERUS, ASAPH.

ASSUERUS.

Assis sur son Thrône.

JE veux bien l'avoüer. De ce couple perfide
J'avois presque oublié l'attentat parricide.
Et j'ay pâli deux fois au terrible récit
Qui vient d'en retracer l'image à mon esprit.
Je voy de quel succés leur fureur fut suivie,
Et que dans les tourmens ils laisserent la vie.
Mais ce Sujet zelé, qui d'un œil si subtil
Sçeût de leur noir complot développer le fil,
Qui me montra sur moy leur main déja levée,
Enfin par qui la Perse avec moy fut sauvée;
Quel honneur pour sa foy, quel prix a-t-il reçû?

ASAPH.

On lui promit beaucoup, c'est tout ce que j'ay
sçû.

ASSUERUS.

O d'un si grand service oubli trop condamnable!
Des embarras du thrône effet inévitable!

De

De soins tumultueux un Prince environné
Vers de nouveaux objets est sans cesse entraîné,
L'avenir l'inquiete, & le present le frappe,
Mais plus promt que l'éclair le passé nous échappe.
Et de tant de mortels à toute heure empressez
A nous faire valoir leurs soins interessez,
Il ne s'en trouve point, qui touchez d'un vray zele
Prennent à nostre gloire un interest fidele;
Du merite oublié nous fassent souvenir;
Trop prompts à nous parler de ce qu'il faut punir!
Ah! Que plûtost l'injure échappe à ma vangeance,
Qu'un si rare bienfait à ma reconnoissance.
Et qui voudroit jamais s'exposer pour son Roy?
Ce mortel, qui montra tant de zele pour moy,
Vit-il encor?

ASAPH.

Il voit l'Astre qui vous éclaire.

ASSUERUS,

Et que n'a-t-il plûtost demandé son salaire?
Quel païs reculé le cache à mes bienfaits?

ASAPH.

Assis le plus souvent aux portes du Palais,
Sans se plaindre de vous, ni de sa destinée,
Il y traisne, Seigneur, sa vie infortunée.

ASSUERUS.

Et je dois d'autant moins oublier la vertu,

Qu'elle-

Qu'elle-mesme s'oublie. Il se nomme, dis-tu?

ASAPH.

Mardochée est le nom que je viens de vous lire.

ASSUERUS.

Et son païs?

ASAPH.

Seigneur, puis qu'il faut vous le dire.
C'est un de ces Captifs à perir destinez,
Des rives du Jourdain sur l'Euphrate amenez.

ASSUERUS.

Il est donc Juif? O Ciel! Sur le point que la vie
Par mes propres Sujets m'alloit estre ravie,
Un Juif rend par ses soins leurs efforts impuissans?
Un Juif m'a préservé du glaive des Persans?
Mais, puis qu'il m'a sauvé, quel qu'il soit, il n'importe.
Hola, quelqu'un.

SCENE IV.

ASSUERUS, HYDASPE, ASAPH.

HYDASPE.

SEigneur.

ASSUE-

ASSUERUS.

Regarde à cette porte,
Voy, s'il s'offre à tes yeux quelque grand de ma Cour.

HYDASPE.

Aman à vostre porte a devancé le jour.

ASSUERUS.

Qu'il entre. Ses avis m'éclaireront peut-estre.

SCENE V.

ASSUERUS, AMAN, HYDASPE, ASAPH.

ASSUERUS.

APproche, heureux appui du thrône de ton Maistre,
Ame de mes conseils, & qui seul tant de fois
Du sceptre dans ma main as soulagé le poids.
Un reproche secret embarasse mon ame.
Je sçay combien est pur le zele qui t'enflame.
Le mensonge jamais n'entra dans tes discours,
Et mon interest seul est le but où tu cours.
Dis-moy donc. Que doit faire un Prince magnanime,
Qui veut combler d'honneurs un Sujet qu'il estime?

Par

Par quel gage éclatant, & digne d'un grand
Roy
Puis-je récompenser le merite & la foy?
Ne donne point de borne à ma reconnoissance.
Mesure tes conseils sur ma vaste puissance.

AMAN. *tout bas.*

C'est pour toy-mesme, Aman, que tu vas prononcer.
Et quel autre que toy peut-on recompenser?

ASSUERUS,

Que penses-tu?

AMAN.

Seigneur, je cherche, j'envisage
Des Monarques Persans la conduite, & l'usage.
Mais à mes yeux en vain je les rappelle tous.
Pour vous regler sur eux, que sont-ils prés de
vous?
Vostre regne aux neveux doit servir de modele.
Vous voulez d'un Sujet reconnoistre le zele.
L'honneur seul peut flatter un esprit genereux.
Je voudrois donc, Seigneur, que ce Mortel heureux
De la pourpre aujourd'hui paré comme vous-même,
Et portant sur le front le sacré diadême,

Sur un de vos coursiers pompeusement orné,
Aux yeux de vos sujets dans Suse fust mené;
Que pour comble de gloire, & de magnificence.
Un Seigneur eminent en richesse, en puissance,
Enfin de vostre Empire aprés vous le premier,
Par la bride guidast son superbe coursier;
Et lui-mesme marchant en habits magnifiques,
Criast à haute voix dans les places publiques;
Mortels, prosternez-vous. C'est ainsi que le Roy
Honore le merite, & couronne la foy.

ASSUERUS.

Je voy que la Sagesse elle-mesme t'inspire.
Avec mes volontez ton sentiment conspire.
Va, ne perds point de temps. Ce que tu m'as dicté,
Je veux de point en point qu'il soit executé.
La Vertu dans l'oubli ne sera plus cachée.
Aux portes du Palais prens le Juif Mardochée.
C'est lui que je prétens honorer aujourd'hui.
Ordonne son triomphe, & marche devant lui.
Que Suse par la voix de son nom retentisse,
Et fais à son aspect que tout genou fléchisse.
Sortez tous.

AMAN.

Dieux!

SCENE

SCENE VI.

ASSUERUS. *seul.*

LE prix est sans doute inoüi.
Jamais d'un tel honneur un Sujet n'a joüi.
Mais plus la récompense est grande & glorieuse,
Plus mesme de ce Juif la race ést odieuse,
Plus j'assûre ma vie, & montre avec éclat
Combien Assüerus redoute d'estre ingrat.
On verra l'innocent discerné du coupable.
Je n'en perdray pas moins ce peuple abominable.
Leurs crimes ....

SCENE VII.

ASSUERUS, ESTHER, ELISE THAMAR.

Partie du Chœur. *Esther entre, s'appuyant sur Elise : quatre Israëlites soûtiennent sa robe.*

ASSUERUS.

SAns mon ordre on porte icy ses pas?
Quel Mortel insolent vient chercher le trépas?
Gardes. C'est vous, Esther? Quoy sans Estre attenduë?

ESTHER.

Mes filles, soûtenez vostre Reine éperduë.
Je me meurs. *Elle tombe évanoüie.*

ASSUERUS.

Dieux puissans ! Quelle étrange pasleur
De son teint tout à coup efface la couleur !
Esther, que craignez-vous ? Suis-je pas vostre
Frere ?
Est-ce pour vous qu'est fait un ordre si severe ?
Vivez. Le sceptre d'or que vous tend cette main,
Pour vous de ma clemence est un gage certain.

ESTHER.

Quelle voix salutaire ordonne que je vive,
Et rappelle en mon sein mon ame fugitive ?

ASSUERUS.

Ne connoissés-vous pas la voix de vostre Epoux ?
Encore un coup vivez, & revenez à vous.

ESTHER.

Seigneur, je n'ay jamais contemplé qu'avec
crainte
L'auguste Majesté sur vostre front emprainte.
Jugez combien ce front irrité contre moy
Dans mon ame troublée a dû jetter d'effroy.
Sur ce throsne sacré, qu'environne la foudre,
J'ay cru vous voir tout prest à me réduire en
poudre.
Helas ! sans frissonner, quel cœur audacieux
Soûtiendroit les éclairs qui partoient de vos yeux ?
Ainsi du Dieu vivant la colere étincelle, . . .

ASSUERUS.

O Soleil! O Flambeaux de lumiere immortelle!
Je me trouble moy-mesme, & sans fremissement
Je ne puis voir sa peine & son saisissement.
Calmez, Reine, Calmez la frayeur qui vous presse,
Du cœur d'Assüerus souveraine maistresse,
Esprouvez seulement son ardente amitié.
Faut-il de mes Etats vous donner la moitié?

ESTHER.

Hé! se peut-il qu'un Roi craint de la Terre entiere,
Devant qui tout flêchit, & baise la poussiere.
Jette sur son Esclave un regard si serain,
Et m'offre sur son cœur un pouvoir souverain?

ASSUERUS.

Croyez moy, chere Esther, ce sceptre, cét Empire,
Et ces profonds respects que la terreur inspire,
A leur pompeux éclat meslent peu de douceur,
Et fatiguent souvent leur triste possesseur.
Je ne trouve qu'en vous je ne sçay quelle grace,
Qui me charme toûjours, & jamais ne me lasse.
De l'aimable Vertu dous & puissans attraits!
Tout respire en Esther l'innocence, & la paix.
Du chagrin le plus noir elle écarte les ombres,
Et fait des jours sereins de mes jours les plus sombres.

Que dis-je ? Sur ce thrône assis auprés de vous,
Des Astres ennemis j'en crains moins le cour-
roux,
Et croy que vostre front preste à mon diadême
Un éclat qui le rend respectable aux Dieux mes-
me ?
Osez donc me répondre, & ne me cachez pas
Quel sujet important conduit icy vos pas.
Quel interest, quels soins vous agitent, vous
pressent ?
Je voy qu'en m'ecoutant vos yeux au Ciel s'a-
dressent.
Parlez. De vos desirs le succés est certain,
Si ce succés dépend d'une mortelle main.

ESTHER.

O bonté, qui m'assure, autant qu'elle m'honore !
Un interest pressant veut que je vous implore.
J'attens ou mon malheur, ou ma felicité.
Et tout dépend, Seigneur, de vostre volonté.
Un mot de vostre bouche, en terminant mes pei-
nes,
Peut rendre Esther heureuse entre toutes les Rei-
nes.

ASSUERUS.

Ah ! Que vous enflammez mon desir curieux !

ESTHER.

Seigneur, si j'ay trouvé grace devant vos yeux,
Si jamais à mes vœux vous fûtes favorable,

Per-

Permettez avant tout qu'Esther puisse à sa table
Recevoir aujourd'hui son souverain Seigneur,
Et qu'Aman soit admis à cét excés d'honneur.
J'oseray devant luy rompre ce grand silence,
Et j'ay, pour m'expliquer, besoin de sa présence.

ASSUERUS.

Dans quelle inquietude, Esther, vous me jettez!
Toutefois qu'il soit fait comme vous souhaittez.
Vous *, que l'on cherche Aman, & qu'on luy fasse entendre,
Qu'invité chez la Reine il ait soin de s'y rendre.

* *a ceux de sa suite.*

HYDASPE.

Les sçavans Chaldéens par vostre ordre appellez,
Dans cet appartement, Seigneur, sont assemblez.

ASSUERUS.

Princesse, un songe étrange occupe ma pensée.
Vous-mesme en leur réponse estes interessée.
Venez, derriere un voile écoutant leurs discours,
De vos propres clartez me prester le secours.
Je crains pour vous, pour moy quelque ennemi perfide.

ESTHER.

Sui-moy, Thamar. Et vous, troupe jeune & timide,
Sans craindre icy les yeux d'une profane Cour,
A l'abry de ce throsne attendez mon retour.

SCENE VIII.

Cette Scene est partie déclamée sans chãt, & partie chantée.

ELISE, PARTIE DU CHOEUR.

ELISE.

QUe vous semble, mes sœurs, de l'estat où
nous sommes?
D'Ester, d'Aman qui le doit emporter?
Est-ce Dieu, sont-ce les hommes,
Dont les œuvres vont éclater?
Vous avez vû quelle ardente colére
Allumoit de ce Roi le visage severe.

Une des Israëlites.

Des éclairs de ses yeux l'œil étoit ébloüi.

Une autre.

Et sa voix m'a paru comme un tonnerre horrible.

ELISE.

Comment ce courroux si terrible
En un moment s'est-il évanoüi?

Une des Israëlites chante.

Un moment a changé ce courage inflexible.
Le Lion rugissant est un Agneau paisible.
Dieu, nostre Dieu sans doute a versé dans son cœur
Cet esprit de douceur.

Le Chœur Chante.

Dieu, nostre Dieu sans doute a versé dans son cœur.
Cet esprit de douceur.

LA

La mesme Israëlite. *Chante.*

Tel qu'un ruisseau docile
Obeït à la main qui détourne son cours,
Et laissant de ses eaux partager le secours,
Va rendre tout un champ fertile;
Dieu, de nos volontez arbitre souverain!
Le cœur des Rois est ainsi dans ta main.

ELISE.

Ah! Que je crains, mes sœurs, les funestes nüages
Qui de ce Prince obscurcissent les yeux!
Comme il est aveuglé du culte de ses Dieux!

Une des Israëlites.

Il n'atteste jamais que leurs noms odieux.

Une autre.

Aux feux inanimez dont se parent les cieux,
Il rend de profanes hommages.

Une autre.

Tout son Palais est plein de leurs images.

Le Chœur *Chante.*

Malheureux! vous quittez le Maistre des humains,
Pour adorer l'ouvrage de vos mains.

Une Israëlite *chante.*

Dieu d'Israël dissipe enfin cette ombre.
Des larmes de tes Saints quand seras-tu touché?

Quand ſera le voile arraché,
Qui ſur tout l'Univers jette une nuit ſi ſombre?
Dieu d'Iſraël, diſſipe enfin cette ombre.
Juſqu'à quand ſeras-tu caché?

Une des plus jeunes Iſraëlites.

Parlons plus bas, mes ſœurs. Ciel! ſi quelque infidelle
Ecoutant nos diſcours nous alloit déceler!

ELISE.

Quoy! Fille d'Abraham, une crainte mortelle
Semble déja vous faire chanceler?
Hé! ſi l'impie Aman dans ſa main homicide
Faiſant luire à vos yeux un glaive menaçant,
A blaſphemer le Nom du Tout-puiſſant
Vouloit forcer voſtre bouche timide?

Une autre Iſraëlite.

Peut-eſtre Aſsüerus fremiſſant de courroux,
Si nous ne courbons les genoux
Devant une müette Idole,
Commandera qu'on nous immole.
Chere ſœur, que choiſirez-vous?

La jeune Iſraëlite.

Moy! Je pourrois trahir le Dieu que j'aime?
J'adorerois un Dieu ſans force, & ſans vertu,
Reſte d'un tronc par les vents abbattu,
Qui ne peut ſe ſauver lui-meſme?

Le

Le Chœur chante.

Dieux impuissans, Dieux sourds, tous ceux qui
vous implorent,
Ne seront jamais entendus.
Que les Démons, & ceux qui les adorent,
Soient à jamais détruits & confondus.

Une Israëlite chante.

Que ma bouche, & mon cœur, & tout ce que je
suis
Rendent honneur au Dieu qui m'a donné la vie.
Dans les craintes, dans les ennuis,
En ses bontez mon ame se confie.
Veut-il par mon trépas que je le glorifie?
Que ma bouche & mon cœur, & tout ce que je
suis,
Rendent honneur au Dieu qui m'a donné la vie.

ELISE.

Je n'admiray jamais la gloire de l'Impie.

Une autre Israëlite.

Au bonheur du Méchant qu'une autre porte envie.

ELISE.

Tous ses jours paroissent charmans.
L'or éclate en ses vestemens.
Son orgueïl est sans borne ainsi que sa richesse.
Jamais l'air n'est troublé de ses gemissemens.
Il s'endort, il s'éveille au son des instrumens.
Son cœur nage dans la mollesse.

Une autre Israëlite.

Pour comble de prosperité,
Il espere revivre en sa posterité :
Et d'enfans à sa table une riante troupe
Semble boire avec luy la joye à pleine coupe.

Le Chœur. Tout ce reste est chanté.

Heureux, dit-on, le peuple florissant,
Sur qui ces biens coulent en abondance !
Plus heureux le peuple innocent,
Qui dans le Dieu du Ciel a mis sa confiance !

Une Israëlite seule.

Pour contenter ses frivoles desirs,
L'homme insensé vainement se consume.
Il trouve l'amertume
Au milieu des plaisirs.

Une autre seule.

Le bonheur de l'Impie est toûjours agité.
Il erre à la mercy de sa propre inconstance.
Ne cherchons la felicité,
Que dans la paix de l'innocence.

La mesme avec une autre.

O douce paix !
O lumiere éternelle !
Beauté toûjours nouvelle !
Heureux le cœur épris de tes attraits !
O douce paix !

O lu-

O lumiere éternelle!
Heureux le Chœur, qui ne te perd jamais!

Le Chœur.

O douce paix!
O lumiere éternelle!
Beauté toûjours nouvelle!
O douce paix!
Heureux le cœur qui ne te perd jamais!

La mesme seule.

Nulle paix pour l'Impie. Il la cherche; elle suït,
Et le calme en son cœur ne trouve point de place.
Le glaive au dehors le poursuit.
Le remords au dedans le glace.

Une autre.

La gloire des Méchans en un moment s'éteint.
L'affreux tombeau pour jamais les dévore.
Il n'en est pas ainsi de celui qui te craint,
Il renaistra, mon Dieu, plus brillant que l'Aurore.

Le Chœur.

O douce paix!
Heureux le cœur qui ne te perd jamais!

ELISE *sans chanter.*

Mes sœurs, j'entens du bruit dans la chambre prochaine.
On nous appelle, allons rejoindre nostre Reine.

Fin du second Acte.

ACTE

ACTE III.

SCENE PREMIERE.

Le Theatre represente les Jardins d'Esther, & un des costez du Salon où se fait le festin.

AMAN, ZARE'S.

ZARE'S.

C'Est donc icy d'Esther le superbe Jardin,
Et ce Salon pompeux est le lieu du festin.
Mais tandis que la porte en est encor fermée,
Ecoutez les conseils d'une Epouse alarmée.
Au nom du sacré nœud qui me lie avec vous,
Dissimulez, Seigneur, cét aveugle courroux.
Eclaircissez ce front où la tristesse est peinte.
Les Rois craignent sur tout le reproche & la plainte.
Seul entre tous les Grands par la Reine invité,
Ressentez donc aussi cette felicité.
Si le mal vous aigrit que le bienfait vous touche,
Je l'ay cent fois appris de vostre propre bouche;
Quiconque ne sçait pas dévorer un affront,
Ni de fausses couleurs se déguiser le front,

Loin

Loin de l'aſpect des Rois qu'il s'écarte, qu'il fuye.
Il eſt des contretemps qu'il faut qu'un Sage eſſuye.
Souvent avec prudence un outrage enduré
Aux honneurs les plus hauts a ſervi de degré.

AMAN.

O douleur! O ſupplice affreux à la penſée!
O honte, qui jamais ne peut eſtre effacée!
Un execrable Juif, l'opprobre des humains,
S'eſt donc vû de la pourpre habillé par mes mains?
C'eſt peu qu'il ait ſur moy remporte la victoire;
Malheureux, j'ay ſervi de Heraut à ſa gloire!
Le traiſtre! Il inſultoit à ma confuſion.
Et tout le peuple meſme avec dériſion,
Obſervant la rougeur qui couvroit mon viſage,
De ma chute certaine en tiroit le préſage.
Roi cruel! Ce ſont là les jeux où tu te plais.
Tu ne m'as prodigué tes perfides bienfaits,
Que pour me faire mieux ſentir ta tyrannie,
Et m'accabler enfin de plus d'ignominie.

ZARE'S.

Pourquoy juger ſi mal de ſon intention?
Il croit récompenſer une bonne action.
Ne faut-il pas, Seigneur, s'étonner au contraire,
Qu'il en ait ſi long-temps differé le ſalaire?
Du reſte, il n'a rien fait que par voſtre conſeil.
Vous meſme avez dicté tout ce triſte appareil.
Vous eſtes aprés lui le premier de l'Empire.
Sçait-il toute l'horreur que ce Juif vous inſpire?

AMAN.

AMAN.

Il sçait qu'il me doit tout, & que pour sa grandeur
J'ay foulé sous les pieds remords, crainte, pudeur;
Qu'avec un cœur d'airain exerçant sa puissance,
J'ay fait taire les Loix, & gémir l'Innocence;
Que pour lui des Persans bravant l'aversion,
J'ai cheri, j'ai cherché la malediction.
Et pour prix de ma vie à leur haine exposée,
Le barbare aujourd'hui m'expose à leur risée?

ZARE'S.

Seigneur, nous sommes seuls. Que sert de se flater?
Ce zele que pour lui vous fistes éclater,
Ce soin d'immoler tout à son pouvoir suprême,
Entre nous, avoient-ils d'autre objet que vous-mesme?
Et, sans chercher plus loin, tous ces Juifs desolez
N'est-ce pas à vous seul que vous les immolez?
Et ne craignez-vous point que quelque avis funeste....
Enfin la Cour nous hait, le Peuple nous déteste.
Ce Juif mesme, il le faut confesser malgré moy,
Ce Juif comblé d'honneurs me cause quelque effroy.
Les malheurs sont souvent enchaînez l'un à l'autre.
Et sa race toujours fut fatale à la vostre.
De ce leger affront songez à profiter.

Peut-

Peut-estre la Fortune est preste à vous quitter.
Aux plus affreux excés son inconstance passe.
Prévenez son caprice avant qu'elle se lasse.
Où tendez-vous plus haut? Je fremis quand je voy
Les abysmes profonds qui s'offrent devant moy.
La chute desormais ne peut estre qu'horrible.
Osez chercher ailleurs un destin plus paisible.
Regagnez l'Hellespont, & ces bords écartez,
Où vos Ayeux errans jadis furent jettez,
Lorsque des Juifs contre eux la vangeance allumée
Chassa tout Amalec de la triste Idumée.
Aux malices du sort enfin dérobez-vous.
Nos plus riches thrésors marcheront devant nous.
Vous pouvez du départ me laisser la conduite.
Sur tout de vos Enfans j'assureray la fuite.
N'ayez soin cependant que de dissimuler.
Contente sur vos pas vous me verrez voler.
La mer la plus terrible & la plus orageuse
Est plus seure pour nous que cette Cour trompeuse.
Mais à grands pas vers vous je voy quelqu'un marcher.
C'est Hydaspe.

SCENE

SCENE II.

AMAN, ZARE'S, HYDASPE.

HYDASPE.

SEigneur, je courois vous chercher.
Vostre absence en ces lieux suspend toute la joye,
Et pour vous y conduire Assüerus m'envoye.

AMAN.

Et Mardochée est-il aussi de ce festin?

HYDASPE.

A la table d'Esther portez-vous ce chagrin?
Quoy, toûjours de ce Juif l'image vous desole?
Laissez-le s'applaudir d'un triomphe frivole.
Croit-il d'Assüerus éviter la rigueur?
Ne possedez-vous pas son oreille & son cœur?
On a payé le zele, on punira le crime,
Et l'on vous a, Seigneur, orné vostre Victime.
Je me trompe, ou vos vœux par Esther secondez
Obtiendront plus encor que vous ne demandez.

AMAN.

Croiray-je le bonheur, que ta bouche m'annonce?

HYDASPE.

J'ay des sçavans Devins entendu la réponse.
Ils disent que la main d'un perfide Estranger
Dans le sang de la Reine est preste à se plonger.

Et le Roi, qui ne sçait où trouver le coupable,
N'impute qu'aux seuls Juifs ce projet detestable.

AMAN.

Oüi, ce sont, cher Ami, des monstres furieux.
Il faut craindre sur tout leur chef audacieux.
La terre avec horreur dés long-temps les endure:
Et l'on n'en peut trop tost délivrer la Nature.
Ah! je respire enfin. Chere Zarés, Adieu.

HYDASPE.

Les Compagnes d'Esther s'avancent vers ce lieu.
Sans doute leur concert va commencer la feste.
Entrez, & recevez l'honneur qu'on vous appreste.

SCENE III.

ELISE, LE CHOEUR.

Une des Israëlites.

C'Est Aman.

Cecy se recite sans chant.

Une autre.

C'est lui-même & j'en fremis, ma sœur.

La premiere.

Mon cœur de crainte & d'horreur se resserre.

L'autre.

C'est d'Israël le superbe oppresseur.

La premiere.

C'eſt celui qui trouble la Terre.

ELISE.

Peut-on en le voyant ne le connoiſtre pas?
L'orgueil & le dedain ſont peints ſur ſon viſage.

Une Iſraëlite.

On lit dans ſes regards ſa fureur & ſa rage.

Une autre.

Je croyois voir marcher la Mort devant ſes pas.

Une des plus jeunes.

Je ne ſçay ſi ce Tigre a reconnu ſa proye.
Mais en nous regardant, mes ſœurs, il m'a ſemblé
Qu'il avoit dans les yeux une barbare joye,
Dont tout mon ſang eſt encore troublé.

ELISE.

Que ce nouvel honneur va croiſtre ſon audace!
Je le voy, mes Sœurs, je le voy.
A la table d'Eſther l'Inſolent prés du Roy
A déja pris ſa place.

Une des Iſraëlites.

Miniſtres du feſtin, de grace dites-nous,
Quels mets à ce Cruel, quel vin préparez-vous?

Une autre.

Le ſang de l'orphelin,

Une troiſiéme.

Les pleurs des miſerables,

La

La seconde.

Sont ses mets les plus agréables.

La troisiéme.

C'est son breuvage le plus doux.

ELISE.

Cheres sœurs, suspendez la douleur qui vous presse,
Chantons, on nous l'ordonne. Et que puissent nos chants
Du cœur d'Assüerus adoucir la rudesse,
Comme autrefois David par ses accords touchans
Calmoit d'un Roy jaloux la sauvage tristesse.

Une Israëlite.

Tout le reste de cette Scene est chanté.

Que le Peuple est heureux,
Lors qu'un Roi genereux,
Craint dans tout l'Univers, veut encore qu'on l'aime!
Heureux le Peuple! Heureux le Roi lui-même!

Tout le Chœur.

O repos! O tranquillité!
O d'un parfait bonheur assurance eternelle,
Quand la suprême Autorité
Dans ses Conseils a toûjours auprés d'elle,
La Justice, & la Verité!

Une Iſraëlite.

Ces quatre Stances ſont chantées alternativement par une voix ſeule & par tout le Chœur.

Rois, chaſſez la Calomnie.
Ses criminels attentats
Des plus paiſibles Eſtats
Troublent l'heureuſe harmonie.

Sa fureur de ſang avide
Pourſuit par tout l'Innocent.
Rois, prenez ſoin de l'abſent
Contre ſa langue homicide.

De ce Monſtre ſi farouche
Craignez la feinte douceur.
La vangeance eſt dans ſon cœur,
Et la pitié dans ſa bouche.

La Fraude adroite & ſubtile
Seme de fleurs ſon chemin.
Mais ſur ſes pas vient enfin
Le Repentir inutile.

Une Iſraëlite ſeule.

D'un ſouffle l'Aquilon écarte les nüages,
Et chaſſe au loin la foudre & les orages.
Un Roi ſage, ennemi du langage menteur,
Ecarte d'un regard le perfide Impoſteur.

Une

Une autre.

J'admire un Roi victorieux,
Que sa valeur conduit triomphant en tous lieux.
Mais un Roi sage, & qui hait l'injustice,
Qui sous la loy du Riche imperieux
Ne souffre point que le Pauvre gémisse,
Est le plus beau présent des Cieux,

Une autre.

La Veuve en sa défense espere,

Une autre.

De l'Orphelin il est le Pere.

Toutes ensemble.

Et les larmes du juste implorant son appuy
Sont précieuses devant luy.

Une Israëlite seule.

Détourne, Roy puissant, détourne tes oreilles
De tout conseil barbare & mensonger.
Il est temps que tu t'éveilles,
Dans le sang innocent ta main va se plonger
Pendant que tu sommeilles.
Détourne Roi puissant, détourne tes oreilles
De tout conseil barbare & mensonger.

Une autre.

Ainsi puisse sous toy trembler la Terre entiere.
Ainsi puisse à jamais contre tes Ennemis

Le bruit de ta valeur te ſervir de barriere.
S'ils t'attaquent, qu'ils ſoient en un moment ſoûmis.

Que de ton bras la force les renverſe.
Que de ton nom la terreur les diſperſe.
Que tout leur Camp nombreux ſoit devant tes ſoldats
Comme d'enfans une troupe inutile,
Et ſi par un chemin il entre en tes Eſtats,
Qu'il en ſorte par plus de mille.

SCENE IV.

ASSUERUS, ESTHER, AMAN, ELISE. LE CHOEUR.

ASSUERUS *à Eſther.*

OUI, vos moindres diſcours ont des graces ſecretes.
Une noble pudeur à tout ce que vous faites,
Donne un prix, que n'ont point ni la pourpre, ni l'or.
Quel climat renfermoit un ſi rare threſor?
Dans quel ſein vertueux avez-vous pris naiſſance?

Et

Et quelle main si sage éleva vostre enfance?
Mais dites promtement ce que vous demandez.
Tous vos desirs, Esther, vous seront accordez;
Dussiez-vous, je l'ay dit, & veux bien le redire,
Demander la moitié de ce puissant Empire.

ESTHER.

Je ne m'égare point dans ces vastes desirs.
Mais puisqu'il faut enfin expliquer mes soûpirs,
Puisque mon Roi lui-méme à parler me convie;
* J'ose vous implorer & pour ma propre vie,
Et pour les tristes jours d'un Peuple infortuné,
Qu'à perir avec moy vous avez condamné.

** Elle se jette aux piez du Roy.*

ASSUERUS *la relevant.*

A perir? Vous? Quel Peuple? Et quel est ce mystere?

AMAN. *tout bas.*

Je tremble.

ESTHER.

Esther, Seigneur, eut un Juif pour son pere.
De vos ordres sanglans vous sçavez la rigueur.

AMAN.

Ah Dieux!

ASSUERUS.

Ah! De quel coup me percez-vous le cœur?
Vous la fille d'un Juif? Hé quoy? Tout ce que j'aime,

Cette

Cette Esther, l'Innocence, & la sagesse même,
Que je croyois du Ciel les plus cheres amours,
Dans cette source impure auroit puisé ses jours?
Malheureux!

ESTHER.

Vous pourrez rejetter ma priere.
Mais je demande au moins que pour grace derniere,
Jusqu'à la fin, Seigneur, vous m'entendiez parler;
Et que sur tout Aman n'ose point me troubler.

ASSUERUS.

Parlez.

ESTHER.

O Dieu! Confonds l'audace & l'imposture.
Ces Juifs, dont vous voulez délivrer la Nature,
Que vous croyez, Seigneur, le rebut des humains,
D'une riche contrée autrefois Souverains,
Pendant qu'ils n'adoroient que le Dieu de leurs Peres,
Ont vû benir le cours de leurs destins prosperes.
Ce Dieu, Maistre absolu de la Terre & des Cieux,
N'est point tel que l'erreur le figure à vos yeux.
L'Eternel est son nom. Le Monde est son ouvrage,
Il entend les soupirs de l'Humble qu'on outrage,
Juge tous les mortels avec d'égales lois,
Et du haut de son Thrône interroge les Rois.
Des plus fermes Estats la chûte épouvantable,
Quand il veut, n'est qu'un jeu de sa main redoutable.

Les

Les Juifs à d'autres Dieux oserent s'adresser.
Roi, peuples en un jour tout se vid disperser.
Sous les Assyriens leur triste servitude
Devint le juste prix de leur ingratitude,
Mais pour punir enfin nos Maistres à leur tour.
Dieu fit choix de Cyrus avant qu'il vist le jour,
L'appella par son nom, le promit à la Terre,
Le fit naistre, & soudain l'arma de son tonnerre,
Brisa les fiers rempars, & les portes d'airain,
Mit des superbes Rois la depoüille en sa main.
De son Temple détruit vangea sur eux l'injure,
Babylone paya nos pleurs avec usure.
Cyrus par lui vainqueur publia ses bienfaits,
Regarda nostre Peuple avec des yeux de paix.
Nous rendit & nos loix, & nos festes divines;
Et le Temple déja sortoit de ses ruïnes.
Mais de ce Roi si sage heritier insensé
Son Fils interrompit l'ouvrage commencé,
Fut sourd à nos douleurs. Dieu rejetta sa Race,
Le retrancha lui-méme, & vous mit en sa place.
Que n'esperions - nous point d'un Roi si genereux?
Dieu regarde en pitié son peuple malheureux,
Disions - nous; un Roi regne ami de l'Innocence.
Par tout du nouveau Prince on vantoit la clemence.
Les Juifs par tout de joye en pousserent des cris.
Ciel! verra-t-on toûjours par de cruels esprits

 Des

Des Princes les plus doux l'oreille environnée,
Et du bonheur public la source empoisonnée ?
Dans le fond de la Thrace un Barbare enfanté
Est venu dans ces lieux souffler la cruauté.
Un Ministre ennemi de vostre propre gloire....

AMAN.

De vostre gloire ? Moy ? Ciel ! Le pourriez-vous croire ?
Moy, qui n'ay d'autre objet, ni d'autre Dieu...

ASSUERUS.

Tay-toy.
Oses tu donc parler sans l'ordre de ton Roy ?

ESTHER.

Nostre ennemi cruel devant vous se declare.
C'est lui. C'est ce Ministre infidelle & barbare,
Qui d'un zele trompeur à vos yeux revestu,
Contre nostre innocence arma vostre vertu.
Et quel autre, grand Dieu ! qu'un Scythe impitoyable,
Auroit de tant d'horreurs dicté l'ordre effroyable ?
Par tout l'affreux signal en même temps donné
De meurtres remplira l'Univers estonné.
On verra sous le nom du plus juste des Princes
Un perfide Estranger desoler vos Provinces,
Et dans ce Palais même en proye à son courroux
Le sang de vos Sujets regorger jusqu'à vous.
Et que reproche aux Juifs sa haine envenimée ?
Quelle guerre intestine avons-nous allumée ?

Les

Les a-t-on vû marcher parmi vos Ennemis?
Fut-il jamais au joug esclaves plus soûmis?
Adorant dans leurs fers le Dieu qui les châtie,
Pendant que vostre main sur eux appesantie
A leurs persecuteurs les livroit sans secours,
Ils conjuroient ce Dieu de veiller sur vos jours,
De rompre des Meschans les trames criminelles,
De mettre vostre thrône à l'ombre de ses aîles.
N'en doutez point, Seigneur, il fut vostre soûtien.
Luy seul mit à vos piez le Parthe & l'Indien
Dissipa devant vous les innombrables Scythes,
Et renferma les Mers dans vos vastes limites.
Lui seul aux yeux d'un Juif decouvrit le dessein
De deux Traistres touts prests à vous percer le sein.
Helas! ce Juif jadis m'adopta pour sa fille.

ASSUERUS.

Mardochée?

ESTHER.

Il restoit seul de nostre famille,
Mon pere estoit son frere, Il descend comme moy
Du sang infortuné de nostre premier Roy.
Plein d'une juste horreur pour un Amalecite,
Race que nostre Dieu de sa bouche a maudite,
Il n'a, devant Aman, pû fléchir les genous,
Ni lui rendre un honneur qu'il ne croit dû qu'à vous.

Delà

Delà contre les Juifs, & contre Mardochée,
Cette haine, Seigneur, sous d'autres noms cachée,
En vain de vos bienfaits Mardochée est paré.
A la porte d'Aman est déja preparé
D'un infame trépas l'instrument execrable.
Dans une heure au plus tard ce Vieillard venerable
Des portes du Palais par son ordre arraché,
Couvert de vostre pourpre y doit estre attaché,

ASSUERUS.

Quel jour meslé d'horreur vient effrayer mon ame?
Tout mon sang de colere & de honte s'enflame.
J'estois donc le joüet . . . Ciel, daigne m'éclairer!
Un moment sans temoins cherchons à respirer,
Appellez * Mardochée, il faut aussi l'entendre.

** Le Roi s'éloigne.*

Une autre.

Verité, que j'implore, acheve de descendre.

SCENE V.

ESTHER, AMAN, LE CHOEUR.

AMAN *à Esther.*

D'Un juste étonnement je demeure frappé.
Les ennemis des Juifs m'ont trahi, m'ont trompé.
J'en atteste du Ciel la puissance suprême,
En les perdant, j'ay crû vous assurer vous-mesme.
Princesse, en leur faveur employez mon credit.
Le Roi, vous le voyez, flotte encore interdit.

Je

Je sçay par quels ressorts on le pousse, on l'arreste,
Et fais comme il me plaist, le calme & la tempeste,
Les interests des Juifs déja me sont sacrez.
Parlez. Vos Ennemis aussi-tost massacrez,
Victimes de la foy que ma bouche vous jure,
De ma fatale erreur repareront l'injure.
Quel sang demandez-vous?

ESTHER.

Va traistre, laisse moy.
Les Juifs n'attendent rien d'un méchant tel que toy.
Miserable, le Dieu vangeur de l'innocence,
Tout prest à te juger tient déja sa balance.
Bientost son juste arrest te sera prononcé.
Tremble. Son jour approche, & ton regne est passé.

AMAN.

Oüi, ce Dieu, je l'avouë, est un Dieu redoutable.
Mais veut-il que l'on garde une haine implacable?
C'en est fait. Mon orgüeil est forcé de plier.
L'inexorable Aman est reduit à prier.*
Par le salut des Juifs, par ces piez que j'embrasse,
Par ce sage Vieillard, l'honneur de vostre race,
Daignez d'un Roi terrible appaiser le courroux,
Sauuez Aman, qui tremble à vos sacrez genoux.

**Il se jette à ses piez.*

SCENE

SCENE VI.

ASSUERUS, ESTHER, AMAN, ELISE, GARDES, LE CHOEUR.

ASSUERUS.

QUoy? Le traiſtre ſur vous porte ſes mains hardies?
Ah! dans ſes yeux confus je lis ſes perfidies,
Et ſon trouble appuyant la ſoy de vos diſcours,
De tous ſes attentats me rappelle le cours.
Qu'à ce monſtre à l'inſtant l'ame ſoit arrachée.
Et que devant ſa porte, au lieu de Mardochée,
Appaiſant par ſa mort & la terre & les cieux,
De mes peuples vangez il repaiſſe les yeux.

Aman eſt emmené par les Gardes.

SCENE VII.

ASSUERUS, ESTHER, MARDOCHE'E, ELISE, LE CHOEUR.

ASSUERUS. *continuë en s'adreſſant à Mardochée.*

MOrtel, cheri du Ciel, mon ſalut & ma joye,
Aux conſeils des méchans ton Roi n'eſt plus en proye,
Mes yeux ſont deſſillez, le crime eſt confondu.

Viens

Viens briller prés de moy dans le rang qui t'est dû.
Je te donne d'Aman les biens, & la puissance.
Possede justement son injuste opulence.
Je romps le joug funeste où les Juifs sont soûmis.
Je leur livre le sang de tous leurs Ennemis.
A l'égal des Persans je veux qu'on les honore,
Et que tout tremble au Nom du Dieu qu'Esther
adore.
Rebâtissez son Temple, & peuplez vos Citez.
Que vos heureux Enfans dans leurs solemnitez,
Consacrent de ce jour le triomphe & la gloire,
Et qu'à jamais mon nom vive dans leur memoire.

SCENE VIII.

ASSUERUS, ESTHER, MARDOCHE'E.
ASAPH, ELISE, LE CHOEUR.

ASSUERUS.

Que veut Asaph?

ASAPH.

Seigneur, le Traistre est expiré.
Par le peuple en fureur à moitié déchiré.
On traisne, on va donner en spectacle funeste
De son corps tout sanglant le miserable reste.

MARDOCHE'E.

Roi, qu'à jamais le Ciel prenne soin de vos jours.

Le

Le peril des Juifs presse, & veut un promt secours.

ASSUERUS.

Oüi, je t'entens. Allons par des ordres contraires
Révoquer d'un Méchant les ordres sanguinaires.

ESTHER.

O Dieu! Par quelle route inconnuë aux Mortels
Ta sagesse conduit ses desseins eternels!

SCENE DERNIERE.

LE CHOEUR.

Tout le Chœur.

Dieu fait triompher l'Innocence,
Chantons, celebrons sa puissance.

Une Israelite.

Il a vû contre nous les méchans s'assembler,
Et nostre sang prest à couler.
Comme l'eau sur la terre ils alloient le répandre,
Du haut du Ciel sa voix s'est fait entendre.
L'homme superbe est renversé.
Ses propres fléches l'ont percé.

Une autre.

J'ay vû l'impie adoré sur la terre.
Pareil au cedre, il cachoit dans les cieux
Son front audacieux.

Il sembloit à son gré gouverner le tonnerre,
Fouloit aux piez ses ennemis vaincus.
Je n'ay fait que passer, il n'estoit déja plus.

Une autre.

On peut des plus grands Rois surprendre la justice.
Incapables de tromper,
Ils ont peine à s'échaper
Des pieges de l'artifice.
Un cœur noble ne peut soupçonner en autruy
La bassesse & la malice,
Qu'il ne sent point en lui.

Une autre.

Comment s'est calmé l'orage?

Une autre.

Quelle main salutaire a chassé le nüage?

Tout le Chœur.

L'aimable Esther a fait ce grand ouvrage.

Une Israëlite seule.

De l'amour de son Dieu son cœur s'est embrasé,
Au peril d'une mort funeste
Son zele ardent s'est exposé.
Elle a parlé. Le Ciel a fait le reste.

Deux Israëlites.

Esther a triomphé des filles des Persans.
La nature & le Ciel à l'envy l'ont ornée.

L'une des deux.

Tout ressent de ses yeux les charmes innocens,

Jamais tant de beauté fut-elle couronnée?

L'autre.

Les charmes de ſon cœur ſont encor plus puiſſans.
Jamais tant de vertu fut-elle couronnée?

Toutes deux enſemble,

Eſther a triomphé des filles des Perſans.
La nature & le Ciel à l'envy l'ont ornée.

Une Iſraëlite ſeule.

Ton Dieu n'eſt plus irrité,
Réjoüis-toy, Sion, & ſors de la pouſſiere.
Quitte les veſtemens de ta captivité,
Et reprens ta ſplendeur premiere.
Les chemins de Sion à la fin ſont ouverts.
Rompez vos fers,
Tribus captives.
Troupes fugitives,
Repaſſez les monts & les mers.
Raſſemblez-vous des bouts de l'Univers.

Tout le Chœur.

Rompez vos fers,
Tribus captives.
Troupes fugitives,
Repaſſez les monts & les mers.
Raſſemblez-vous des bouts de l'Univers,

Une Iſraëlite ſeule.

Je reverray ces campagnes ſi cheres.

Une autre.

J'iray pleurer au tombeau de mes Peres.

Tout le Chœur.

Repassez les monts & les mers.
Rassemblez-vous des bouts de l'Univers.

Une Israëlite seule.

Relevez, relevez les superbes portiques
Du Temple où nostre Dieu se plaist d'estre adoré.
Que de l'or le plus pur son Autel soit paré.
Et que du sein des monts le marbre soit tiré.
Liban, dépoüille-toy de tes cedres antiques.
Prestres sacrés, préparez vos cantiques.

Une autre.

Dieu descend, & revient habiter parmi nous.
Terre, fremi d'allegresse & de crainte.
Et vous, sous sa majesté sainte,
Cieux, abbaissez-vous.

Une autre.

Que le Seigneur est bon! Que son joug est aimable!
Heureux, qui dés l'enfance en connoist la douceur!
Jeune peuple, courez à ce Maistre adorable.
Les biens les plus charmans n'ont rien de comparable
Aux torrens de plaisirs qu'il répand dans un cœur.
Que le Seigneur est bon! Que son joug est aimable!
Heureux, qui dés l'enfance en connoist la douceur!

Une

Une autre.

Il s'appaise, il pardonne.
Du cœur ingrat qui l'abandonne
Il attend le retour.
Il excuse nostre foiblesse.
A nous chercher mesme il s'empresse.
Pour l'enfant qu'elle a mis au jour,
Une mere a moins de tendresse.
Ah! Qui peut avec luy partager nostre amour?

Trois Israëlites.

Il nous fait remporter une illustre victoire.

L'une des trois.

Il nous a revelé sa gloire.

Toutes trois ensemble.

Ah! qui peut avec luy partager nostre amour?

Tout le Chœur.

Que son nom soit beni. Que son nom soit chanté.
Que l'on célebre ses ouvrages,
Au delà des temps & des âges,
Au delà de l'Eternité.

FIN.

www.ingramcontent.com/pod-product-compliance
Lightning Source LLC
LaVergne TN
LVHW012352220826
846092LV00002B/533